세월따라 시류따라

이재만 제4 시집

세월따라 시류따라

▍시인의 말

필자筆者는 2011년도에 등단하였으니
햇수로는 어언 13년이 되어간다.
그동안 문학작품은 시집과 수필집 등
총 6권으로 실적은 미미한 편이다.

사람은 죽을 때까지 배운다고 하였던가?
출간 후 내용을 살펴보면
항상 어색한 부분이 발견된다.

혹자或者는 경륜이 쌓일수록 집필執筆도
쉬우리라 생각할 수도 있다.
그러나 책다운 책을 써보고 싶은 나만의
고집인지 아집我執인지, 하여튼 나는 속필速筆로
남발濫發하고 싶지 않았다.

생전부귀生前富貴 사후문장死後文章이란 말이 있다.
부귀는 죽고 나면 허망하지만
문장은 영원하단 뜻일 것이다.

시인은 권력과 부귀를 탐하지 않는다.
시인은 불의不義에 타협하지 않는다.
시인은 중심을 잡고, 살 뿐이다.

각설하고

그동안 저를 격려해 주신 여러 문우님
그리고 저를 아껴주신 독자 제위께도
심심한 감사의 말씀을 드립니다.

2023년 여름

哲山 **이재만**

시인의 말 · 4

/제1부/

꽃바람 봄기운에 맥 못 추고

시골 풍경 12
어머니 13
꽃순이 전성시대 14
생명수 15
봄이 오는 소리 16
언감생심焉敢生心 17
기인奇人의 안목眼目 18
꿈나무 19
농부의 길 20
도원의 봄 21
바둑 22
벚꽃의 자위自慰 23
생전에 효도를 24
선거철에 25
옛 생각 26
집필執筆 27
평등주의 28
평소에 덕을 29
황조黃鳥 꾀꼬리 30
흥이 복보다 낫다 31

/제2부/

달 밝은 초여름 밤 갈증을 달래려고

가뭄 34
감나무 35
곰소항 36
내리사랑 37
노동 인증서 38
노령산맥 정기精氣 타고 39
농장 가꾸기 40
독사와 인간 41
동진강 밤낚시 42
로또복권 43
무연분묘 44
소쩍새 연정 45
송림과 교감交感 46
시장통 할머니 47
실기하면 다 죽는다 48
야생화 49
여름밤 주酒태백이 50
자식 교육 51
커피자판기 52
한미寒微의 일기 53

/ 제3부 /

자연에 순응하며 물드는 낙엽처럼

가을과 상심傷心 56
거북바위 57
고향 생각 58
그립고 그립다 59
낭만의 계절 60
노인들 대화의 장 61
노시인과 가을 62
노욕老慾은 추하다 63
변하더이다 64
석이버섯 65
세월 따라 시류 따라 66
순리대로 67
어머니의 추억 68
월야月夜의 소곡小曲 69
인생 70
지겹다 71
취중월야醉中月夜 72
할미꽃 전설 73
허무감 74
회한悔恨 75

/ 제4부 /

역동의 지난날을 뉘라서 되돌리랴

묻지 마라 갑자생 78
결자해지 79
구차하다 80
그림자 아기 81
까치가 살고 있다 82
낱낱이 83
노년과 부음訃音 84
비우면 넉넉하다 85
산골의 겨울나기 86
세월이 약이다 87
수행자 마음으로 88
신앙의 변질 89
알지 못한다 90
암흑暗黑의 역사 91
우 생원 일지 92
음주의 경계 93
죽을 때까지 94
코로나 95
포기한 삶 96
호걸豪傑 97

평설 • 100
시조時調, 사람다운 삶을 찾아가는 시심詩心 _ 이동희(시인, 문학박사)

세월 따라 시류 따라

/ 제1부 /

꽃바람 봄기운에 맥 못 추고

이재만 시집

시골 풍경

춘삼월 보릿고개 까마득한 옛일인데
요즈음 신세대가 알 리가 있겠냐만
물질은
풍요로운데
마음은 남루하다

담장 밑 민들레 씨 바람에 흩어지듯
장성한 자손들은 객지로 떠나가고
등 굽은
노인들끼리
의지하며 사는 곳

구년久年 묵은 이야기, 작금의 이야기가
마을의 전설을 엮어가는 노인정에
마당발
마을 이장이
술 한 상자 들고 온다.

어머니

하늘과 소통하며
바람이 이는 언덕

널따란 양지쪽에
봉분이 한결같다

어머니 잠든 무덤에
웃고 있는 민들레

꽃순이 전성시대

동장군 기력 잃고 신열을 앓을 때면
양지 녘 청보리밭 아지랑이 아롱아롱
삼동을 칩거한 요정
꽃순이가 눈을 뜬다

동장군 몽니 부려 꽃샘추위 매서운들
꽃바람 봄기운에 맥 못 추고 작심삼일
꽃순이 이른 봄부터
현지답사 나선다

제일 군자 설중매에 철쭉꽃 벚꽃 축제
구절초 오상고절 억새꽃 눈꽃 축제
꽃순이
전성시대가
문을 활짝 열었네

설중매(雪中梅): 눈 속에 핀 매화.
오상고절(傲霜孤節): 서릿발이 심한 속에서도 굴하지 않고 외로이 지키는 절개라는 뜻으로 국화를 지칭.

생명수

메마른 대지에
단비가 내릴 때면

만물의 생명체는
피돌기가 원활하고

하늘이
내려준 젖줄
어머니의 마음이다

물관리 잘하는 자
천하를 다스리고

물관리 허술하면
망하기 십상이니

지구촌
어느 국가든
물 없으면 자멸한다.

봄이 오는 소리

삼동三冬의 수면 끝에
잠이 깬 봄의 요정

동토에 군불 지펴
아지랑이 아롱아롱

이른 봄
삼라만상이
기지개를 켜는 때

동면의 개구리는
경칩에 하품하고

야생초 눈을 뜨며
꽃망울을 빚는 산야

저만큼
봄의 속삭임
임이 오는 목소리

언감생심 焉敢生心

바다는 전 인류의
거대한 식량 창고
겉보기는 아름답고
건강한 듯 보이지만

오·폐수
무단 방류에
바다는 죽어간다

나 하나쯤 어쩌랴
말 안 되는 언감생심 焉敢生心
자정력 自淨力 잃게 되면
생명도 끝장이다

환경을
오염시킨 자
미래를 논하지 말라

지구가 오염된 후에 미래가 있겠는가?

기인奇人의 안목眼目

사람을 가늠할 때
겉 보고 판단 마라
보기에 초라해도
도량度量은 모르는 법
백옥에 진토塵土가 묻어
보석인 줄 모르느냐

세상이 내 손바닥 안에 있다는 자준*
자준과 수양대군의 안목이 일치했나
자준은 정난 일등공신 수양은 세조 임금

선조 때 동인의 거두 서애 류성룡은
권율과 이순신을 천거한 명재상
그의 사람 보는 눈은 타고난 선견지명

*자준: 단종 때 수양대군의 장자방으로 계유정난을 주도했던 인물로 자(字)는 자준(子濬)이요. 본명은 한명회이다.

꿈나무

한 무리 어린이들 우르르 몰려들어
제각각 놀이기구 붙잡고 재잘재잘
행여나 다칠까 하는 노심초사 부모 마음

자유로운 환경에서 뛰노는 꿈나무들
가끔 바람 한 점씩 놀이터를 지날 때면
어릴 적 동심의 세계 새록새록 떠오른다.

떠들며 뛰노는 천진난만 어린 새싹
눈망울 초롱초롱 참으로 앙증맞다
오늘도 놀이터에서 지켜보는 백년대계

농부의 길

무더위 드센 계절 대지는 목이 말라
한 줄기 소나기가 절실한 이 시기에
매미도 목이 타는지
귀청이 터질 지경

올해만 농사짓고 내년에는 그만둔다
작년에 내뱉은 말 올해도 똑같은 말
갑자기 소나기 퍼붓자
허둥지둥 나간다.

토지에 목숨 걸고 외길만 걸어온 생
세상이 변했어도 올곧은 농부 마음
농자 천하지대본農者天下之大本
철석같이 믿고 있다

/ 1부 / 꽃바람 봄기운에 맥 못 추고

도원의 봄

복사꽃
살구꽃
활짝 웃는 두메 선경

꽃향기
술 향기에
흠뻑 취해 노니는데

어느덧
향리 도원에
하루해가 저물고…

바둑

백옥과 흑진주의 용호상박 판세 다툼
한번 착지 일수불퇴 엄격한 룰을 정해
포석의 전략 전술을 쏟아붓는 싸움판

큰 욕심 내지 마라 반집 승도 족하다
소탐대실하게 되면 바둑은 끝장이다
손, 오 병법 육도삼략 먹여치고 조여든다

바둑은 정신수양 건전한 오락인데
변질한 내기 바둑 사기 바둑 없을쏜가
지나친 취미생활은 중독성이 있기 마련

직분을 망각한 채 바둑에만 몰입하면
가정을 망친다는 선현의 당부 말씀
'바둑판 신선놀음에 도낏자루 썩는다.'

*손, 오 병법 : 손자와 오자가 지은 중국 춘추전국시대 병법서.
*육도 삼략 : 육도=주나라 태공망이 지은 병법서
　　　　　　삼략=진나라 황 석공이 지은 병법서

벚꽃의 자위自慰

벚꽃이 떨어지며
고요히 자위自慰한다

한 시즌 뽐내면서
원 없이 잘 보냈다

버찌를
생산했으니
낙하한들 어떠리.

생전에 효도를

아침에 해가 떠도
기쁨을 모르더니

서산에 걸린 해는
그리도 아쉬운가

이제야 깨달았는가
지는 해 잡지 못함을

선거철에

대선이 끝나면 본격적인 지방선거
도로변 여기저기 현수막 펄럭이고
어깨띠 두른 후보들
명함 들고 굽실굽실

선거철 도래하면 호걸을 자처하며
당선만 시켜주면 유토피아 만든다고
확성기 달고 다니며
기만술을 펼친다

출세 지향 주의자여 부끄럽지, 아니한가
참신한 정치 신인 앞길을 막지 말게
정치는 그대들만의
전유물이 아니라네.

옛 생각

남루했던 지난날은
타고난 숙명인가
지금은 아름다운
젊은 날의 추억담

옛일을 생각할수록
스며드는 그리움

애증과 연민의 정
뒤범벅된 지난 시절
뉘라서 그 시절을
되돌릴 수 있겠는가

달려가 붙잡기에는
너무 멀리 와버렸다.

집필執筆

잔소리 군소리 쓴소리
짜잔한 소리

주옥은 고사하고
웃음거리나 안 될지

메모장을 넘겨보지만
참으로 어려워라

네거리 목로주점
주모의 노랫소리

이것저것 주섬주섬
오만 잡것 모아놓고

행간을 나누고 보니
그런대로 쓸만하다.

평등주의

금수저나 흙수저나
용도는 똑같고

부자나 빈자나
이 세상 사람이다

어이해
차별을 두고
안경 쓰고 보는가!

평소에 덕을

전생前生은 알 바 없다
금생今生이 중요하다

죽음이 두려워서
종교를 믿고 있나

평소에
공덕심功德心이면
내세來世가 무슨 걱정

황조黃鳥 꾀꼬리

산행 중 갑자기 '꾀꼬리 루리 루'
참으로 오랜만에 들어보는 저 소리
우연히 만날 때마다
노래 한 곡 불러준다

재수가 좋은 날에 우연히 접하는 새
황금빛 꾀꼬리는 전생의 귀족인가
꾀꼬리 노랫소리는 추종을 불허한다

모처럼 접해보는 노래의 요정이여
모창을 해보지만, 미칠 수 없는 경지
그대의 맑고 고운 소리 언제나 감미롭다.

흉이 복보다 낫다

첫서리 내리는 깊어지는 가을날에
숲속의 다람쥐 겨울 채비 분주한데
한겨울 비축 식량은
도토리가 제격이다

떡갈나무 아래는 도토리가 지천이라
욕심을 버려도 식량 조달 족할 것을
다람쥐 이곳저곳에
땅 파고 숨겨둔다

건망증 심한 것이 다람쥐 약점인가
일부만 기억하고 일부는 망각이라
망각도 쓸모가 있다
번식 돕는 망각이면

세월 따라 시류 따라

/ 제 2 부 /

달 밝은 초여름 밤 갈증을 달래려고

이재만 시집

가뭄

예부터 물이 좋아 샘 정# 자 정읍 고을
수령이 부임하면 영전하던 길지의 땅
내장산 수려한 산세
대한 팔경 유명하고

송사리 피라미 떼 유영하는 정읍천에
더불어 터를 잡고 살아가는 해오라기
눈부신 하얀 날갯짓
관조 중의 으뜸이네

세월이 굽이칠 때 환경도 변했는가
물 좋던 정읍에도 가뭄은 지속되고
줄어든 생명의 젖줄
인구감소 어이하나?

※ 정읍 현감으로 부임한 이순신은 여섯 품계 특진으로 전라 좌수사 겸 삼도 수군통제사가 됨

감나무

초여름 담황색의 감꽃이 질 무렵에
감나무 몸을 풀며 가지를 흔들 때면
감꽃이 우수수 지며 어린 감이 눈 뜬다

한여름 폭풍우에 조마조마하였는데
가지를 꼭 붙잡고 야무지게 매달린 감
젖먹이 아기 모습과 너무나 흡사하다

가을빛 짙어지며 붉게 물든 고샅길
주렁주렁 매달린 탐스러운 붉은 감이
과년한 딸의 얼굴로 수줍은 듯 웃는다

곰소항

만선의 어선들이
하나둘 입항하면

어시장 상인들의
재빠른 눈치작전

항구는
첫새벽부터
활력소가 넘치고

시원한 바닷바람
어물 구경 쏠쏠하여

주말에 주로 찾는
고창 사람 정읍 사람

어시장
골목길 따라
시끌벅적 붐빈다.

내리사랑

비바람 몇 번 맞고
천둥 벼락 몇 번 맞고

과수원 뙤약볕에
익어가던 능금 알

초가을 과일 좌판에
탐스럽게 쌓여 있다

어린 손주 손목 잡고
과일가게 지날 적에

과일을 가리키며
사달라고 칭얼거려

오늘도 어쩔 수 없이
쌈짓돈을 털었다.

노동 인증서

도심 속 신축공사 요란한 망치 소리

손바닥 굳은살은 숙련의 인증서다

누구나 태어날 때는 사랑받던 귀한 몸

때 묻은 안전모에 찌든 작업복은

상당 기간 갈고닦은 노동의 인증서다

가족의 건사를 위해 저당잡힌 한세월

노령산맥 정기精氣 타고

서남쪽 능선 따라
굽이굽이 오백 리

홍익인간 이념 따라
생성된 호남평야

산 좋고
물길 좋은 땅
천만년도 거뜬하다.

농장 가꾸기

도시 근교 가장자리 가꾸는 주말농장
오늘도 호미 들고 농경사회 답습한다
엊그제 넥타이 매고 뻐기고 다닌 신사

땅 파고 고랑 내고 고르고 씨 뿌리고
신선놀음 같지만 가꾸는 일 만만찮네
천하태평 농법으로는 가당찮은 일이다

고추 가지 상추 배추 방울토마토 등등
보기만 해도 배부른 영양의 보물단지
신농씨神農氏 가르친 농법
농불실시農不失時 우선이다

독사와 인간

전생에 무슨 죄로 독사로 태어나서
한 많은 이승에서 독을 품고 사는가
독사는
독이 있지만
인간보다 말이 없다

독사는 요술쟁이 생태계의 조정자
독으로 신약 개발 인간에게 유용한 독
독사가
무섭다지만
인간의 독 더 무섭다

독이란 독사만의 전유물이 될 수 없고
독초와 독버섯 말벌 등 다양하지만
인간이
독을 품으면
감당하기 어렵다

동진강 밤낚시

고요한 동진강에
저녁 낚시 드리우고

흐르는 물줄기를
말없이 바라보며

찰나의
순간순간을
낚싯줄로 낚는 밤

동진강 맑은 물에
달빛이 어울리면

어머니 옛 모습이
그리운 이 한밤에

작금의
지난한 사연
합수시켜 보내리.

로또복권

돈이면 귀신도 불러 쓰는 세상인심
행운의 여신이여 1등 한 번 비나이다
아무리 기도해 본들 확률은 희박하다

인간을 자극하는 요행의 기대심리
몇 닢의 푼돈으로 졸부가 되고 싶어
토요일 복권 가게는 장사진을 이룬다.

행운을 잡은 자여 흥청망청 탕진 말게
냉소는 고사하고 패가망신하느니
행운을 기대하는 자 새겨듣고, 볼일이다

무연분묘

가파른 언덕 위에
초라한 무덤 하나
봉분은 훼손되고
잡초만 무성하다

몇 대를
묵혀놨을까
볼썽사나운 몰골

묘비명 전무하니
연고도 알 길 없고
모르쇠 일관하면
어쩔 수 없는 지경

차라리
묵힐 바에는
자연장이 제격이다.

소쩍새 연정

뒷동산 솔밭 길에
달이 솟아오를 때면

지난날 임의 모습
새록새록 그리운데

소쩍새 울음소리는
애달프고 정겨워라

가신 임 그리워서
잠 못 들어 뒤척일 적

소 쩍 당 소 쩍 당
청량한 저 소리는

가신 임 목소리인 듯
귀에 익은 목소리

송림과 교감交感

애환과 그리움이
웅성거리는 언덕배기

비바람 온갖 세파
견뎌온 송림같이

뜬구름
머리에 이고
보낸 세월 그 얼만가

애환과 그리움은
누구나 속절없다

세파에 부대끼며
변형된 요즘 세상

송림은
나를 달래며
순리대로 살라네

시장통 할머니

시장통 가장자리 할머니 앉아 있다
가지, 오이 깻잎 풋고추 강낭콩 등등
집에서 농사지은 것 가지고 나왔단다

1만 원권 한 장을 할머니께 내밀면서
"가지 깻잎 풋고추를 돈에 맞춰 주세요."
할머니 마수걸이로 오이 몇 개 더 담는다

할머니 무재칠시無財七施* 노하우가 배어 있고
하찮은 거래라도 인정이 오가는 곳
오늘도 난전 한 바퀴 습관처럼 둘러본다.

*재물이 없어도 남에게 나누어 줄 수 있는 7가지 덕목

실기하면 다 죽는다

기후가 변하더니 지구도 맛이 갔네
병명을 알면서도 처방은 하지 않고
지구는
하나뿐인데
어이한단 말인가

열병에 신음하는 지구는 죽어간다
인간의 업보인데 누구를 탓하리오
신속한
해열제 처방
실기하면 다 죽는다

과학의 산업사회 편리해 좋다마는
옛날의 농경사회 그리운 태평연월
지구가
멸망한 후에는
이것저것 없느니

야생화

삼동을 칩거하며
그리던 찬란한 봄

지천으로 피어나는
아기자기 야생화가

뽀얗게 웃음 지으며
앙증맞게 다가온다

밤하늘 아기별들
우수수 내려앉아

산야에 꽃을 피운
화사한 봄의 요정

자연의 호연지기에
해지는 줄 몰랐어라.

여름밤 주酒태백이

달 밝은 초여름 밤 갈증을 달래려고
술상을 마주하고 시 한 수 읊었더니
달빛이 내리비치며 술상을 살펴본다

술 한 잔 적선하면 그것도 공덕이라
내려와 동석하자 정중히 청했더니
뽀얗게 웃음 지으며 고요히 좌정한다.

상대가 있어야 술맛 좋다 하였던가
주거니 받거니 몇 순배 돌고 보니
둥근달 그대로인데 나 혼자 고주망태

이제는 됐다 싶어 몸 곧추세우려다
여덟팔 자 엉덩방아 골반이 얼얼한데
둥근달 높이 오르며 배꼽 잡고 웃더라.

자식 교육

속담에 세 살 버릇 여든 간다고 하였는데
자식을 기르는 자 새겨볼 명언이다
부모의 자질 미달에 자식 농사 바라는가?

평소에 하던 버릇 몸에 익어 익숙한데
제 버릇 개 못 준단 말 예부터 일러 있고
웃자라 굳어진 행동 교정인들 쉽겠는가!

맹모 삼천지교孟母三遷之敎는 모성의 귀감인데
자식 잘못 덮으려다 자식 장래 망치느니
명문가 집안 내력은 행동이 곧 가훈이다.

커피자판기

대로변
인도 옆에
조립식 무인 다방

오가는
보행자에
무언의 호객행위

한 잔에
단돈 몇백 원
볼 때마다 솔깃하다.

한미寒微의 일기

청운의 꿈을 안고 무작정 상경하여
일자리 찾지 못해 노자路資는 바닥났고
결국은 노숙자 되어 상거지가 되었구나

허기진 배 움켜잡고 식당에 찾아들어
무전취식하다 뺨 맞고 멱살잡이 당했네
눈물이 피눈물 되어 앞을 볼 수 없었다.

그때가 언제던가 내 나이 이팔청춘
청운의 꿈 사라지고 식당 보이 왠 말인가
또다시 막일꾼 되어 고생문이 열렸네

주경야독 칠 년 만에 공직자가 되었고
정년 후 집필한 지도 십여 년이 넘었다
이제는 인생 끝자락 한미했던 옛 추억

세월 따라 시류 따라

/ 제3부 /

자연에 순응하며 물드는 낙엽처럼

이재만 시집

가을과 상심傷心

풀벌레 슬피 우는
깊어지는 가을날

오곡은 풍년인데
마음은 산만하고

잡다한 일 떨구려 해도
삶의 굴레 끈질기다

자연에 순응하며
물드는 낙엽처럼

모두 다 내려놓고
마음도 비웠지만

낙엽이 질 때쯤이면
서글픔은 쌓인다.

거북바위

그대는 무슨 죄로
산중에 유배되어
엎드려 숨죽인 채
천만년을 견뎌왔나!

등가죽
검게 타버린
안타까운 그대여

수풀에 에워싸인
육중한 너의 모습
기력이 쇠진하여
가다가 멈춰섰나

세파에
갈라진 모습
연민의 정 깊구나.

고향 생각

어릴 적 고향 마을 땅거미 내릴 즘에
초가집 굴뚝마다 밥 짓는 검은 연기
어둠이 짙게 잠기면 호롱불을 밝힌다

자치기 제기차기 숨바꼭질하던 시절
놀이에 정신 팔려 해지는 줄 모를 때면
저녁밥 지어놓고서 날 부르던 어머니

빛바랜 사진첩의 희미한 옛날 풍경
그립고 아쉬워서 마음은 야위어도
어릴 적 고향 생각이 아련하게 스친다.

그립고 그립다

푸르고 호기롭던 젊은 시절 엊그젠데
나이를 먹을수록 그리움만 더해간다
저물녘 붉은 노을에 활활 타는 그리움

초년의 남루했던 그 시절이 그립고
갈증과 허기졌던 그 시절이 그립고
움켜쥔 역동의 시절 참으로 그리워라

자연의 순리대로 세월 따라 가는 인생
모든 것 내려놓고 마음도 비웠는데
내 어이 지나온 길을 사유하며 그리는가?

낭만의 계절

산허리 붉게 물든

아름다운 가을날에

담장 옆 붉은 감도

주렁주렁 동색인데

석양빛
목로주점에
화색和色 좋은 내 얼굴

노인들 대화의 장

한여름 공원 정자 노인들 둘러앉아
과거를 회상하며 시작하는 대화의 장
겪어온 희로애락을 기탄없이 이어간다.

하찮은 얘기라도 정색하며 경청하고
내심을 털어놓는 내밀한 이야기는
한 편의 인간 드라마 흥미가 쏠쏠하다

자식들 찾아와 용돈 몇 푼 쥐어주면
행복한 자식 자랑, 술 한 잔씩 돌리면서
떠날 때 떠나더라도 한잔하고 보잔다.

노시인과 가을

높푸른 가을 하늘
곱고도 청명한데

갈대숲 갈댓잎은
미풍에 흐느끼고

시인은
명상에 잠겨
지난날을 회상한다

깊어지는 가을날
길 나선 노시인은

울면서 떨어지는
낙엽을 바라보며

말년의
허허로움에
눈시울이 뜨겁다.

노욕老慾은 추하다

욕심이 지나치면
심신이 피곤하다

이제는 하나둘씩
비우고 볼 일이다

노욕이
몸에 퍼지면
골골대다 가느니

변하더이다

진인사대천명이
내게는 생활신조

산전수전 다 겪으며
묵묵히 살다 보니

팔자는 변하더이다
운명도 변하더이다.

석이버섯

새까만 바위 등에
죽은 듯 붙어 있다

모처럼 비를 맞고
기력을 회복한 후

초라한
몰골이지만
자존심이 가관이다

바위에 빌붙어서
연명하는 처지에

바위와 동거하는
귀하신 몸이라고

높은 산
바위에 얹혀
으스대며 웃는다

세월 따라 시류 따라

세월은 쉬지 않고 냉정히 흐르는데
시류를 타는 인생 별수가 있겠는가
석양빛 붉은 노을에 만감이 교차한다

그 옛날 논밭에서 소 몰던 농부 모습
한 포기 동양화로 눈에 선한 그 시절
지금도 기억은 남아 눈물샘 자극한다

실개천 다랑논 흔적이 묘연한데
빛바랜 사진첩에 옛 모습 녹아 있고
변형된 삶의 터전은 아파트 숲 되었네!

달구지 다니던 길 신작로가 되었고
이 땅의 모든 국도 사통팔달 되었네!
산업의 거대한 물결 어쩔 수가 없더라

순리대로

한 해가 저문다고
한탄하면 무엇하리
자연의 순리는
거스를 수 없는 법
강물이
흐르는 대로
순응하면 되느니

인생은 새옹지마
쳇바퀴 도는 인생
봄 여름 가을 겨울
계절은 질서이다
공생의
질서를 알고
소박하게 사는 삶.

어머니의 추억

까막눈 면하도록
초등학교 보내주마

열심히 공부하여
네 앞장 가리거라

어머니
당부 말씀에
까막눈을 면했다

까막눈 면했다고
만족할 수 있겠는가

욕심을 내다 보니
공직도 괜찮았고

어느덧
황혼의 길목
시인 행세 어려워라.

월야月夜의 소곡小曲

상원上元의 둥근달이
은빛을 토하는 밤
산하는 쥐 죽은 듯
깊은 잠에 빠졌는데

저만치
외딴집에서
견공이 짖어댄다

이제는 내려놓고
비운다고 하면서도
잡념이 되살아나
하얗게 지새는 밤

부엉이
우는 소리만
달빛 타고 퍼진다.

인생

산 하나 넘고 보니
산 넘어, 또 산이네
넘으면 넘을수록
연륜만 늘어간다

어느덧 저물녘인가
노을빛이 곱구나!

지겹다

추억의 소야곡을
아직도 애창하나

현실을 직시하고
미래를 바라보라

과거를 청산 못 하는
과거 진행 언제까지

취중월야 醉中月夜

석양빛 해거름에
붉게 물든 노을빛
땅거미 지는 풍경
온 동네가 부산한데
어두워 밤길 잠기니
둥근달이 미소 짓네

그립고 아쉬움에
지난날을 회상하며
인생의 한 자락을
술잔에 가득 담아
마주한 달그림자와
갈증을 달래본다

어느덧 밤은 깊어
고요한 삼경인데
술잔을 비울수록
마음은 산만하고
상념을 버리려 해도
비울 수가 없더라

할미꽃 전설

뒷동산 양지 녘은
아직도 쌀쌀한데
등 굽은 할미꽃이
외로이 피어 있네
친정을
등진 딸자식
마중하듯 기다리며

병든 몸 의탁하려
막내딸 찾아가다
눈길에 얼어 죽은
할머니의 슬픈 전설
할미꽃
필 때쯤이면
어머니가 그립다.

허무감

산모롱이 외딴집 할머니가 살던 집
때때로 굴뚝에서 검은 연기 오르고
소싯적
마주칠 때면
군고구마 주셨네!

외딴집 처마 밑에 오붓한 제비 둥지
할머니 보살핌에 몇 대를 이어오다
할머니
멀리 가시자
제비집도 같은 운명

오래된 폐가에는 고요만 웅성대고
웃자란 쑥대 풀만 바람에 흔들흔들
오늘도
지나치는가
눈물의 강 흐른다.

회한悔恨

성황산 달빛 아래
슬피 우는 두견새야

세월이 약인데도
슬픈 사연 남았던가

백발이 성성한 장년長年
장탄식이 깊은 밤

세월 따라 시류 따라

/ 제 4 부 /

역동의 지난날을 뉘라서 되돌리랴

이재만 시집

묻지 마라 갑자생

육십갑자 첫머리에서 서鼠 생원이 우선이라
먼 옛날 창조신이 동물들을 모아놓고
경주시켰었는데 12종이 되었겠다

12종의 동물 중에 약삭빠른 쥐새끼가
소머리에 숨어 있다 도착선 통과 직전
가뿐히 뛰어내리니 어쨌든, 일등이네

1924년 갑자년에 태어난 사람들
묻지 마라 갑자생으로 지칭된 사람들
기구한 운명의 소유자 가장 고생한 사람들

강점기에 갑자생들 사지육신 멀쩡하면
누구든 묻지 않고 우선순위 징용 대상
이 어찌 갑자생들만의 수난이었겠는가

84년 갑자생들 승승장구하였네
국력이 튼튼하면 무엇이 문제인가
동족 간 이데올로기 그것이 문제일세

결자해지

대도시 들어서면 고층빌딩 즐비한데
갖가지 전선들로 얼기설기 엮인 모양
너절한 거미줄 공법 습관화되었는가!

도로변 건물 옥상 크고 작은 입간판에
현수막 여기저기 흉물로 펄럭이고
오래된 낡은 시설물 고물이 다 되었다

이것이 오늘날의 대도시 풍경인데
재난지역 선포가 만병통치 될 수 없고
인간의 자승자박은 결자해지 원칙이다

구차하다

이 설움 저 설움
집 없는 설움 최고조다
집값을 잡겠다고
호언장담하던 정권
공약公約이 공약空約 되어
정권이 바뀌었네

망둥이 펄쩍 뛰니
꼴뚜기 춤을 추고
한번 오른 물가는
내려올 줄 모르니
이것은 어쩔 수 없는
세계적인 추세란다

기름값 상향곡선
곡물값 하향곡선
서민들 아우성에
농민들 지쳐간다

이 또한 세계적 추세로
돌릴 수가 있는가?

그림자 아기*

얼마나 원통할까
핏덩이 혼령이여

제 새끼 때려잡은
현대판 인간 백정

불칼을
내리꽂아라.
막가파 때려잡자

세상이 망하려나
종말이 가까운가

천인공노 죄를 짓고
잘 살기를 바랐더냐?

속담에
고슴도치도
제 새끼는 예뻐한다.

* 그림자 아기: 출생 미신고 아기

까치가 살고 있다

수성동 두산 공원 아담한 작은 숲에
사람과 이웃하며 까치가 살고 있다
암컷은 알을 품은 듯 수컷만 부산한데

어느 날 느닷없이 간벌 꾼 들어오고
솎아낼 나무 중에 타깃 된 까치둥지
요란한 전기톱 소리에 울부짖는 까치 부부

하지만 어찌하랴 사람이 하는 일을
나무가 쓰러지자 모든 것을 체념한 듯
허공을 몇 바퀴 돌다 어디론가 날아간다

그로부터 이틀 후 까치가 돌아왔다
사람과 이웃하다 날벼락을 맞고도
또다시 둥지를 트는 끈질긴 종족 번식

낱낱이

힘자랑하는 자
임자 만나 떡이 되고

깔끔한 척하는 여자
집구석은 쓰레기장

돈 많다 자랑하는 자
베푸는 것 못 봤느니.

노년과 부음訃音

그 누가 '인명은 재천이라' 했는가
친구들 하나둘 솎아내듯 사라지고
계절이 바뀔 때마다 생각나는 면면들

오지에 터를 잡고 길 닦던 개척 세대
어이해 마침표는 건너뛰지 못하는가
화려한 청첩장 대신 쓸쓸한 부음 소식

역동의 지난날을 뉘라서 되돌리랴
고독과 그리움을 주체할 수 없는데
요란한 휴대폰 음성 빈번한 부음 소식

비우면 넉넉하다

역동의 지난날을
생각해 무엇하나
백발이 성성하니
좁아진 나의 보폭

보폭이
느릴지라도
초지일관 올곧게

보무당당 지난날을
회상한들 무엇하나
조용히 안빈낙도
이만하면 넉넉한데

마음을
비우고 보니
선경이 눈앞이다.

산골의 겨울나기

재 너머 산간 오지
낙엽은 쌓여가고
햇볕도 기진맥진
온기가 식어갈 때
저 아래 콤바인 작업
갈무리가 막바지다

산마루 외딴집은
겨울 채비 끝냈는지
굴뚝의 하얀 연기
모락모락 평화롭고
처마 밑 겨울의 성자聖者
장작더미 쌓였다

동장군 동토 천지
허기진 야생동물
민가에 접근하여
더불어 살자는데
견공의 호통 소리에
주눅들어 물러난다.

세월이 약이다

혹한에 얼어붙은
인적 끊긴 강나루 터

동장군 심술부려
억류당한 나룻배

날씨가 풀릴 때까지
운명인 양 인내한다

찬바람 기러기 떼
무심히 날아가도

도움을 청하거나
서두르지 않는다

세월이 약이라는 것
나룻배는 알고 있다.

수행자 마음으로

청산이 나를 불러
신선으로 나를 불러
수행자 마음으로
찾아든 명산대천
마음을
가다듬으며
나 자신을 돌아본다

새소리 바람소리
은둔의 수행 공간
믿는 종교 없지만
수행은 같을진대
무심한
청계淸溪 옥수玉水만
번뇌 싣고 흐른다.

신앙의 변질

도회지 여기저기 십자가 우후죽순
이 세상 사람들은 모두가 죄인이라
믿는 자 구원을 받아 영생불멸한다고

인간이 만든 종교 변질한 요즘 세상
설교는 차치물론且置勿論 영생불멸 모르겠다
정교와 사이비 종교 경계가 어디인가?

부활절 행사장에 삶은 계란 푸짐하고
삶은 계란 먹으면 죽은 자 산다든가
부활이 항다반사恒茶飯事면 인구감소 없겠네.

알지 못한다

봄바람 불어올 때
움트는 첫사랑이
훈풍을 맞고 나면
이세가 태어나고
한파를
참고 견디면
또다시 춘풍이라

끝없는 순환 속에
역사는 이어가고
우리네 한평생은
찰나의 순간인가.

현재의
나는 누구인가?
나도 알지 못한다.

암흑暗黑의 역사

조선말 대원군은 당백전을 남발하여
쌀값은 백 배 뛰고 경제는 파탄지경
백성은 안중에 없는 권위주의 지도자

경복궁 보수공사 무리한 공역公役 동원
피죽에 아사지경 백성 원성 높은데
왕실의 위엄威嚴을 위해 백성은 소모품인가

위정자여 1997년을 상기하라
천하태평 무사안일 결과는 어떠했나
한국의 외환위기를 기억이나 하는가

누구를 탓하며 누구를 원망하랴
국민이 주인인 민주주의 국가에서
일꾼을 잘못 고르면 역사는 후퇴한다.

우 생원 일지

오래전 쟁기 달고 드넓은 논밭 갈이
제가 싼 똥오줌은 문전옥답 비료 성분
달구지 끌고 다니던 머슴 중의 상머슴

집 안에 소가 있어 부자로 인정받던
재산목록 1호의 귀하신 몸 우 생원
어이해 때를 못 만나 식용 우食用牛가 되셨나

먹고 자고, 먹고 싸고, 먹고 놀며, 살찌우며
닥쳐올 짧은 운명 감지하지 못한 채
칸막이 우사에 갇혀 태평 시조 읊으시나!

음주의 경계

술 한 잔 얼큰하면
세상이 내 것이요

숙취로 부대끼면
지옥이 따로 없다

이제는
끊는다면서
결과는 작심삼일

술이란 무엇인가
보약인가 사약인가

음주가 지나치면
술이 술을 마시고

결국은
술독에 빠져
술이 사람 잡는다

죽을 때까지

인간사 세상 물정
터득한 줄 알고서

나이를 내세우며
이름을 올렸더니

배움은
죽을 때까지
끝이 없다 이르네!

코로나

마귀의
코로나는

아직도 창궐하며

거세게
이곳저곳

들쑤시고 다니는데

마음껏
들쑤셔 봐라

이골난 민족이다

포기한 삶

생활 보장 수당으로 생계를 유지하며
줄담배 피우면서 술에 절어 사는 인생
상대해
주는 이 없이
혼자서 신세타령

우리네 인생사 모 아니면 도인 것을
누구나 살다 보면 사연은 있을진대
제풀에
무너져 버린
안타까운 사연들

진인사대천명을 해보기나 했던가
안 된다고 자포자기 덤으로 살더니만
어느 날
목숨줄 놓고
화장터로 향한다.

호걸豪傑

선현의 가르침에
예인 장인 그 얼만가

연륜이 깊을수록
호걸 중의 호걸인데

그 누가
왕후장상만
호걸이라 하는가?

세월 따라 시류 따라

/ 평설 /

시조時調, 사람다운 삶을 찾아가는 시심詩心

이동희(시인, 문학박사)

이재만 시집

시조時調, 사람다운 삶을 찾아가는 시심詩心
– 철산哲山 이재만 시집 『세월 따라 시류 따라』에 붙임

이동희(시인, 문학박사)

■□□ 단형-평시조 한 수에 담긴 압축미

시다운 글이 되기 위해서는 몇 가지 갖추어야 할 요소가 있다. 산문과 다른 운율韻律-rhythm이 있어야 하고, 이 리듬감을 감각적 쾌감으로 이끌어 줄 회화성繪畫性-image이 있어야 한다. 그뿐만 아니다. 이들이 무엇을 위해 작용하는가, 그 고갱이가 될 만한 의미意味-theme가 있어야 한다. 시의 의미는 주제라고도 말할 수 있고, 담아내고자 하는 메시지 message라고도 할 수 있지만, 한 편의 시를 끌고 가는 의미맥락이 될 것이다. 시를 쓸 때 의도적으로 이 세 가지 요소를 갖추려고 애를 쓰기도 하지만, 시라는 장르의 글은 의도하지 않아도 이들 요소가 드러나면서 운문이 갖추는 형태미를 이룬다.

이 세 가지 요소를 인체에 비유하자면, "메시지는 뼈에 해당하고, 리듬은 핏줄과 같고, 이미지를 살갗이라고 볼 수 있다."라

고 말한 이는 에즈라 파운드 E.pound다. 시에서 이미지라는 요소를 처음 강조하며 한 말이지만, 적절한 비유다. 인체가 제대로 생명작용을 하기 위해서는 어느 하나라도 빠져서는 불가능하다. 마찬가지로 한 편의 시가 제대로 미적 작용을 하기 위해서는 이 세 가지 요소가 삼위일체三位一體가 되어 있어야 하며, 그 형태미는 이들이 교집합을 이루어야 가능할 터이다.

우리 시단에는 시조時調를 현대시의 갈래에서 나누어 보려는 이들이 있다. 시조는 고유한 우리 전통양식이고, 현대 자유시는 그 뿌리가 서양에서 왔으니 당연히 장르를 갈라서 보아야 한다는 것이다. 시조 시인들조차도 이렇게 주장하는 이들이 있다. 또한, 시조 역시 앞에서 말한 시의 3요소를 갖추었다면, 굳이 장르를 따로 설정할 필요가 있느냐고 반문하는 사람들도 적지 않다. 시조 작가들이나 문예지 편집자 중에서도 이런 경향은 뚜렷이 나뉘는 것으로 보인다. 그래서 시조시를 그냥 시의 항목에 수렴하기도 하지만, 시조를 다른 항목으로 설정하여 편집하기도 한다.

필자는 시조도 앞서 지적한 것처럼 시가 갖추어야 할 요소들을 고루 갖추고 있다면 굳이 장르를 따로 설정할 필요 없이 그냥 '시문학'으로 보려 한다. 같은 시문학이라도, 같은 현대 자유시라고 할지라도 그 됨됨이에 따라서 얼마든지 하위분류가 가능하지 않는가. 그러므로 시조시도 시문학으로 편입하고, 그 하위 개념이나 작품의 특성을 분류할 때 시조의 특성을 밝히면 될 것이다. 이것은 시조시 작가들에게도 마찬가지이며, 시를 탐구의 대상으로 삼는 이들에게도 마찬가지다.

철산哲山 이재만 시인의 시를 통독하면서 이런 생각이 깊어졌다. 한 권의 시집으로 묶으려는 의도를 가지고 담아낸 작품들이 형식에서 정형시이지만, 시를 구성하는 행이나 연의 부림에서 그리고 시어를 구사하는 태도에서 굳이 정형시라는 선입견을 지우려는 의도를 읽을 수 있었기 때문이다. 굳이 시조라는 형식에 구애받지 않은 것으로 보였다. 시를 이루어가면서 정형시의 시조 형식은 자연스럽게 우러나오며, 시심이 작동하면서 그 특성은 드러나기 마련이다.

그중에서도 평시조 한 편에 담아낸, 단형시조의 압축미를 엿볼 수 있는 작품들이 다수, 20편 가까이 포함된 점이 눈에 띄었다. 이런 특성은 시조시다는 선입견이 아니라, 자유시의 특성으로 보아도 손색이 없는 형식미, 이를 더욱 강화하는 절제의 미덕으로 보였다.

사실 시조의 기본 골격은 3장 6구 45자 내외로 구성되는 평시조[平時調 혹은 正格時調]에 있다. 이 골격을 그대로 자유시의 연聯처럼 반복하면 '연시조[聯詩調 혹은 連時調]'가 된다. 한자에 드러난 것처럼 평시조가 자유시의 시연詩聯처럼 이어지는[連] 데서 붙인 말이다. 평시조 한 수만으로는 시적 정서를 온전히 다 드러낼 수 없다고 여길 때 연시조가 대신한다. 평시조에 비해서 유장하고 시적 호흡이 길어서 그런대로 시를 음미하는 특별한 맛은 있지만, 압축되고 집약된 시적 정서를 예리하게 드러내는 맛은 덜하다.

시조의 초-중장을 평시조보다 시구를 늘려가면서 호흡을 길게 하되 종장에서는 평시조의 율격을 지켜내는 시조를 엇시조

또는 농시조, 사설지름시조라고 한다. 여기에 비해서 초장과 중장을 평시조의 율격에 얽매이지 않고 자유롭게 구사하여 사설처럼 풀어내는 시조를 사설시조 혹은 편시조 엮음시조라고 한다. 이처럼 다양한 시조의 형식들이 평시조를 정격으로 한 가운데에 이를 변화 발전시킨 형태인 셈이다. 그러므로 단형-정격-평시조 한 수를 잘 갈무리할 수 있어야, 엇시조나 사설시조를 구사할 수 있다.

철산 시인의 시조에서도 이런 특성들이 보인다. 평시조를 기본으로 하면서 연시조로 발전해가는 모습이 작품에 그대로 드러나고 있다. 이렇게 평시조의 특징을 드러내고 있는 몇 작품을 보기로 한다.

> 하늘과 소통하며
> 바람이 이는 언덕
>
> 널따란 양지쪽에
> 봉분이 한결같다
>
> 어머니 잠든 무덤에
> 웃고 있는 민들레
>
> — 이재만 「어머니」 전문

평시조의 율격이 온존하게 구사되어 있다. 초·중·종장을 두 행씩, 구절별로 나눈 것 말고는 정격시조의 형태를 고스란히 유지한다. 매우 안정되고 시상의 흐름이 자연스럽다. 이 한 수만으로도 제재인 '어머니'를 추모하는 화자의 시적 정서가 오롯이 형상화되어 있다. 그리움이라든지, 추모하는 마음이라든지, 막연한 정서가 '민들레'에 집약되어 있다.

이 작품의 특징으로는 다음과 같은 표현을 꼽을 수 있다. 우선 시상 전개의 방향성이다. 시안詩眼이 위에서 아래로, 넓고 큰 것에서 좁고 작은 것으로 내려온다. 시적 자아의 시선이 그렇게 일정한 방향성을 가짐으로써, 독자의 감상안도 그렇게 방향성을 갖게 된다. 이런 효과는 작품에 귀결되는 포인트-핵심 시정에 안목이 집중되는 효과가 있다. 그것은 바로 '민들레'다. 민들레는 시적 자아의 시심의 집결체이면서 동시에 어머니의 형상화다. 이 민들레를 통해서 이미 생을 달리한 어머니를 실체적 미학의 대상으로 불러오고, 한 송이 꽃으로 피워내는 효과를 거두게 된다. 더구나 '웃고 있는'이라고 했다. 시적 화자와 시적 대상인 어머니와의 영적 교감을 감각적 이미지로 구체화한 것이다.

다음으로 주목해야 할 것은 인간계와 멀리 떨어져 있는 '하늘'과 자연의 실상을 반영하는 '양지쪽'과 인간의 종말을 담은 '무덤'이 소통의 단서를 말하고 있다는 점이다. 하늘은 '天'의 형상화이고, 양지쪽은 '地'의 형상화이며, 무덤은 '人'이 형상화된 모습이다. 그러니까 '천지인' 삼위가 일체화된 모습이 3장 6구 43자로 압축되어 있다. 우리에게 천지인 삼재는 사고의 영역을 우주로 확대한 경지에서 나온 발상이다. 이 삼재에서 벗어나는 사유의 대상은 없다. 이처럼 시조는 견결한 형태에 가장 고답高踏한 사상체계까지 담아낼 수 있다.

그런 사유의 미학이 발전하여 '웃고 있는 민들레'는 결국 시적 화자의 웃음이 될 수밖에 없을 것이다. 시적 진술로는 어머니께서 웃고 있는 것으로 표현되어 있지만, 시의 맥락을 따라가다 보면 아들인 시적 자아의 안도감安堵感의 반영이 아니고 무엇이겠는가. 본향으로 귀향하신 어머니에 대한 안쓰러움과 서글픈 추모의 정이 민들레로 피어나고 있지 않은가.

다음 작품에서도 단형시조-평시조 한 수의 미덕을 볼 수 있다.

금수저 흙수저
용도는 똑같고

부자나 빈자나
이 세상 사람이다

어이해
차별을 두고
안경 쓰고 보는가!

— 이재만 「평등주의」 전문

형식상으로 볼 때 앞에서 본 평시조와 다른 곳은 종장뿐이다. '어이해'를 독립시켜 한 행으로 잡은 것이 특별하다. 고시조에서 종장의 첫 구를 대개 영탄조로 처리함으로써, 음풍농월吟風弄月이나 한정지취閒情之趣를 처리하기 알맞게 부려 쓴 것을 흔히 볼 수 있다. 그러나 현대시조에서는 종장의 첫 구마저 그냥 낭비하지 않는다.

철산 시인도 그것을 잘 알고 있는 것으로 보인다. 이 시조는 초장에서 세태를 끌어다 꾸린다. 사실 '금수저-은수저-흙수저'는 속물주의로 기울어져 가는 자본주의 사회의 병리 현상을 반영하는 속언俗諺이다. 그런 속언을 끌어다 제재이자 주제의식을 반영하는 초장으로 삼는다.

그런 다음 중장에서는 속언의 의미를 풀어서 '부자-빈자'를 진술하며 사람됨의 의미를 드러낸다. '이 세상 사람이다'에 함축된 의미는 다양하다. 사람됨의 의미는 물질의 다과多寡로 달라질 수 없다는 것, 부자든 빈자든 한세상을 살 뿐이라는 것, 그러므로 사람됨의 가치는 '사람' 그 자체로만 보아야 한다는 것을 통해 시적 자아의 시심을 드러낸다.

그런 다음 종장에 이른다. 종장의 첫 구 '어이해'의 선택된 시어는 감탄조이지만 그 안에 담긴 시적 자아의 시정은 영탄조를 넘어, 속물주의에 대한 개탄慨嘆, 말기적 자본주의에 대한 한탄恨歎 그리고 인간의 존엄성을 물질의 하위 개념으로 보는 현대사회의 비인간성에 대한 실망의 정한情恨을 담아낸다. 이런 시적 정서는 색안경을 쓰고 사람을 차별하는 현대사회의 비인간성에 대한 경종으로 이어진다.

이 작품의 핵심 주제는 그러므로 사람은 변별력辨別力만 가질 게 아니라, 분별력分別力을 지녀야 한다는 뜻이다. 변별력은 있는 자와 없는 자를 가르고, 가진 자와 못 가진 자를 구별하며, 권력을 행사하는 자와 권력의 지배를 받는 자로 나누는 힘이다. 변별력이 지배하는 사회에서는 물질이든 권력이든 있는 자, 가진 자, 틀어쥔 자만이 존귀한 존재가 될 수밖에 없다. 가르고, 구별하고, 나누어서 가지지 못한 자, 권력의 지배를 받는 자를 하대하고 천대한다. 인간의 존엄성은 물질과 권력 앞에서 초라한 허상에 불과하다. 소수의 가진 자와 지배자만이 정의가 되고 행복한 사회는 병든 사회일 수밖에 없는 이유다.

그러나 분별력이 지배하는 사회에서는 그렇지 않다. 왜냐하면, 분별력은 참과 거짓, 옳고 그름, 의미와 무의미를 헤아리는 지혜에서 나오는 힘이기 때문이다. 사람을 있고 없음으로 가르는 게 아니라, 참과 옳음과 의미를 지향하는 힘이 바로 분별력이요, 그런 마음가짐이 바로 분별심이기 때문이다. 물질이나 권력은 유한하다. 철산 시인은 이 작품에서 이런 시상을 이렇게 진술한다. "부자나 빈자나/ 이 세상 사람이다"라는 진술이 바로 그런 사유의 결과를 반영한 것이다. 이 세상 사람이므로, 이 세상을 벗어나는 순간 모든 인간은 평등할 수밖에 없는 것이 아니냐는 것이다. 그러니 사람을 사람으로만 보아야지, 색안경을 쓰고 보지 말라는 것이다. 평범한 진술에 인간 존엄성을 시적 정서로 대응한다.

이 밖에도 단형시조, 평시조 한 수만으로도 시의 압축미를 드러낸 작품들이 다수 포함되어 있다는 것은, 철산 시인이 시조를 생활의 미덕으로 삼고 있음을 반영한 것으로 보인다.

■■□ 세태를 풍자하는 시조 문학의 즐거움

철산 시인은 세태를 풍자하여 해학미를 돋보이는 작품의 비중이 적지 않다. 시조 문학의 한 맥을 짚어낸 결과로 보인다. 앞에서 고시조가 음풍농월과 한정지취를 지향한다고 하였지만, 풍자적인 경향도 적지 않다.

　다음 엇시조 한 편을 음미하다 보면 우리 겨레가 지닌 풍자적 재치가 얼마나 뛰어난 것인지 짐작할 수 있다. 시조라는 고유한 정형시의 틀은 고려 말엽부터 조선 초기에 형성된 것으로 보인다. 그러나 엇시조나 사설시조는 그보다 훨씬 시기를 늦추어 조선 말엽에 이르러서 정착된 것으로 보인다. 그런데도 이런 빼어난 풍자시를 쓸 수 있었다는 것은 시대 변화의 조짐이 반영된 것으로 여겨진다. 특히 조선 시대는 글을 쓰고도 자신의 이름을 떳떳이 밝힐 수 없는 형편이었다. 사대부들이 전횡을 일삼는 신분 사회의 한계로 말미암아 재치 있는 시를 짓고도 '무명씨無名氏'로 남을 수밖에 없는 이유다. 그런 한계를 뚫고 지금까지 남아 있는 이런 작품들이 우리 문학의 텃밭을 기름지게 한 토양이었을 것이다.

　[〈초장〉두터비 파리를 물고 두험 위에 치달아 서서/〈중장〉건넌산 바라보니 백송골白松鶻이 떠 있거늘 가슴이 끔찍하여/ 풀덕 뛰어 내닫다가 두험 아래 나자빠지고/〈종장〉모쳐라 날랜 낼식망정 어혈瘀血질 번하괘라.]-[작자미상]-이를 현대어로 풀어보면 다음과 같다. [〈초장〉두꺼비가 파리를 거름 무더기 위쪽으로 향하여 달려 올라가 서서/〈중장〉먼 건너 산을 바라다보니 무서운 흰 송골매가 떠 있거늘 가슴이 섬뜩하여/ 갑자기 펄쩍 뛰어나가다가 거름더미 밑으로 굴러떨어졌구나./〈종장〉아차! 내 동작이 날랬으니 망정이지 둔했더라면 다쳐서 멍이 들 뻔했구나.]-이 시조는 조선 말기의 사회상을 동물을 의인화하여 신

랄하게 풍자하려는 서민들의 재치 넘치는 풍자시다.

  그러나 시적 함의는 당대 양반들의 비굴함과 서민들을 얕잡아 보며 아둔하게 자기가 실수를 하고도 자기 합리화를 꾀하는, 우스꽝스러운 모습을 풍자한다. 이런 노래를 통해서 양반들의 실상과 당대 사회상을 희화적으로 그려냄으로써 삶의 애환을 달래고, 지배층을 조롱했던 민초들의 풍자적 대응양식이었을 것이다.

  이런 풍자 정신을 철산의 시에서도 여러 편 볼 수 있다.

> 백옥과 흑진주의 용호상박 판세 다툼
> 한번 착지 일수불퇴 엄격한 룰을 정해
> 포석의 전략 전술을 쏟아붓는 싸움판
>
> 큰 욕심 내지 마라 반집 승도 족하다
> 소탐대실하게 되면 바둑은 끝장이다
> 손, 오 병법* 육도삼략* 먹여치고 조여든다
>
> 바둑은 정신수양 건전한 오락인데
> 변질한 내기 바둑 사기 바둑 없을쏜가
> 지나친 취미생활은 중독성이 있기 마련
>
> 직분을 망각한 채 바둑에만 몰입하면
> 가정을 망친다는 선현의 당부 말씀
> "바둑판 신선놀음에 도낏자루 썩는다."

  *손, 오 병법: 손자와 오자가 지은 중국 춘추전국시대 병법서.
  *육도: 주나라 태공망이 지은 병법서.

*삼략: 진나라 황 석공이 지은 병법서

― 이재만 「바둑」 전문

　이 작품은 연시조다. 평시조 네 수가 모여서 한 작품을 이룬다. 그렇지만 평시조를 그냥 병립한다고 연시조가 되는 것은 아니다. 평시조 한 수 한 수가 독립성을 지닌 채 전체와 조화를 이뤄야 한다. 독립성과 연계성을 동시에 살리면서, 부분으로써 전체의 통일성을 갖추어야 비로소 연시조로 성공할 수 있다.
　이 작품은 네 수의 평시조가 각각 연을 이루면서 4단 구성의 묘미를 살려낸다. 자유시 구성법인 4단 구성-기승전결의 구실을 하도록 배치한다. 첫째 수[1연]는 바둑 게임의 규칙을 '용호상박'이네, '전략-전술'의 싸움터로 비유하고 있다. 상투적이며 관용적 표현이 거슬리긴 하지만 바둑 게임이라는, 오랜 전통놀이로 시상의 발단으로 삼자니 어쩔 수 없는 선택이었을 것이다. 그러나 현대인의 정서에 공감하려면 고유한 정형시라 할지라도 좀더 세련된 표현의 의장意匠을 고심해야 할 것이다.
　둘째 수[2연]는 첫째 수에서 일으킨 바둑 게임 소재를 구체화한다. 시상을 발전시키는 승구承句의 역할에 충실하다. 동시에 시의 의미 맥락을 첨가하는 구실을 한다. 소탐대실小貪大失이 그것이다. 작은 이익에 욕심을 부리다가는 크게 패가망신할 수 있음을 경고한다. 승패를 가리는 바둑에서 한 집이건, 반집이건 승패를 가리는 데는 상관없는 일이라는 것이다. 첫수에서 불러일으킨 시상에 세밀한 진술을 첨가하여 진술의 맥락을 풍요롭게

하려는 시도를 살려낸다.

　셋째 수[3연]는 전구轉句다. 시상에 일대 전환의 단서를 마련하여 변화감을 주는 단계다. 바둑 게임은 본래 건전한 오락으로 정신수양에 도움이 된다는 것이다. 그런데 '내기 바둑'이나 '사기 바둑'이 자행되는 세태를 비판한다. 바둑에 빠져 중독성에 이를 때의 폐해에 대하여 경종을 울린다. 이런 현상들을 셋째 수에 배치함으로써 바둑이 초래할 수 있는 부정적 요소를 더하여 풍자시로서의 풍모를 지키려 한다.

　풍자諷刺의 기본 요소는 물론 해학[웃음]이지만, 불의와 부도덕, 양심에 반하는 일에 대한 비판적 기능도 막중하다. 풍자에서 "'諷'에는 사물에 비유하여 간하다."라는 뜻이 포함되어 있다. '간諫하다.'가 무엇인가? 아랫사람이 임금이나 윗사람에게 잘못된 일을 고치도록 말하는 것을 뜻한다. 여기에 풍자의 "'刺'에는 (가시나 침 등으로) 찌른다는 뜻도 있지만, 헐뜯다, 꾸짖다. 나무라다"는 뜻을 지녔다. 이것을 종합해 보면 풍자 정신의 핵심이 무엇인가를 짐작할 수 있다. 철산 시인은 이러한 풍자 정신을 '바둑'이라는 제재를 통해서 형상화하고 있으며, 그 비판적 대상의 요소를 셋째 수에 배치하고 있다.

　넷째 수[4연]는 결구結句다. 시상을 마무리하여 의미맥락-주제를 선명하게 하는 역할을 한다. 철산 시인은 그 역할을 시적 화자 자기 생각이 아니라, 선현의 말씀을 끌어다가 결구로 삼는다. "바둑판 신선놀음에 도낏자루 썩는다."가 그것이다. 이것 역시 상투적이고 관용적 표현이지만, 다만 '선현의 당부 말씀'이라는 부연 진술을 통해서 진부한 표현이라는 비판에서 벗어나려 한다. 그 고심을 읽을 수 있는 대목이다.

이 작품은 사서삼경 중 하나인 『대학』에 나오는 '수신제가修身齊家'의 덕목을 작품의 전면에 내세우고 있는 것으로 보인다. 그러나 풍자의 효과는 나머지 말하지 않은 덕목인 '치국평천하治國平天下'까지 이른 것으로 보아야 한다. 왜냐하면, 시는 말하는 것으로 말하지 않은 것을 말하려는 글쓰기이기 때문이다. 시에서 언표된 것은 빙산의 일각일 뿐이다. 수신제가를 말하고 있지만, 실은 치국평천하도 이와 다름없는 길을 가야 한다는 것을 말하고자 한다. "마음과 행실을 바르게 심신을 닦아, 집안을 평안케 할 수 있어야" 비로소 "나라를 다스리고, 천하를 평정하여 온 세상을 편안케 할 수 있음"은 당연한 귀결이다.

풍자가 단순히 웃음을 유발하는 데 그치지 않고, 나아가 삶의 진실을 강조하기 위한 표현의 의장임을 알 수 있는 대목이다. 철산 시인은 이들을 다양하게 구사하고 있다. 다른 작품을 보기로 한다.

전생에 무슨 죄로 독사로 태어나서
한 많은 이승에서 독을 품고 사는가
독사는
독이 있지만
인간보다 말이 없다

독사는 요술쟁이 생태계의 조정자
독으로 신약 개발 인간에게 유용한 독
독사가

무섭다지만
인간의 독 더 무섭다

독이란 독사만의 전유물이 될 수 없고
독초와 독버섯 말벌 등 다양하지만
인간이
독을 품으면
감당하기 어렵다

- 이재만 「독사와 인간」 전문

 이 작품이 재미있게 읽히는 것은 표현의 풍자성이 시의 바탕이 되기 때문으로 보인다. 그런 풍자성 말고도 이 작품에서 유난히 눈에 띄는 특징이 있다. 먼저 평시조 세 수를 자유시의 연으로 배치하여, 3연의 자유시로 보이게 시의 행과 연을 배치하고 있는 점이다. 정형시로서의 시조, 정격시조로서의 위격에 변화를 주어 새로운 '시맛-풍자시를 읽는 즐거움'을 살려 나가려는 시도는 바람직하다.

 누구는 시조의 고유성을 잃지 말아야 한다고 고집한다. 그렇지만, 시조 문학의 고유성을 다치지 않은 내에서-[이를테면 3장 6구 45자 내외의 자수 등]-각 장의 배치에 변화감을 주는 정도는 용납되어야 할 것이다. 이렇게 했을 때 현대시조가 독자들에게 좋은 의미로 어필할 수 있을 것으로 보인다. 철산 시인은 그런 시도를 이 작품의 행 구사에서 선보인다.

 또 하나는 내용 면에서 대조법을 구사하여 시의 의미 맥락을 형성하는 점이다. "독사의 독 〈 인간의 독" – 독사의 독이 독하다고 하지만, 인간의 독이 더 무섭다고 대비한다. "독은 해로운 물질이지만 〈 잘만 쓰이면 유용한 독이 될 수 있다."라고 대비한다. 이런 표현을 통해서 인간이 내재하고 있을 법한 악마적 요소에 대하여 솔직하게 고백하는 효과가 있다.

시의 장점이자 필수요소는 자기 성찰에 있다. 풍자성의 특징과도 연관이 있는 요소다. 시는 결핍의 언어여야 한다. 시는 자기모순의 고백이어야 한다. "나는 아무 잘못이나 부족함이 없는데 언제나 남이 문제다."는 식의 진술은 시의 언어가 아니다. "모든 문제의 원인은 나로부터 비롯한다."라는 철저한 반성의 문법이 바로 시의 문법이 되어야 한다. 풍자도 마찬가지다. 나를 우스갯거리로 만들지 않고 타인을 웃길 수 없다. 내가 먼저 어릿광대가 되어야 비로소 나를 통해서 타인의 웃음을 유발할 수 있다.

시적 자아가 거론하는 '인간의 독'이나, '감당하기 어려운 독'은 타인만이 아니라, 시적 자아의 독인 것이다. 인간이라는 집합명사 안에서 어떻게 자아를 제외할 수 있겠는가? 그래서 그런다. 독사의 독도 쓸모가 있는데, 인간이 독을 품으면 감당할 자 아무도 없다는 시적 발상은 개연성의 차원에서 이해할 수 있다.

그런 진실이 시조라는 정형시의 율격을 타고 거침없고 유려하게 읽힌다는 점이다. 조금은 설명적이고 상투적인 점도 있지만, 오히려 솔직하고 용기 있는 시심을 엿보게 하는 효과도 있다. 소박미의 출처는 꾸밈없음에서 나오지 않던가. 다만 시적 표현은 아무리 아니라고 해도 미학적 꾸밈의 의장을 기본으로 하고 있다는 점을 고려하더라도, 솔직담백한 표현의 장점은 그것대로 시를 읽는 재미를 얻을 수 있다.

철산 시인은 이런 시적 특성에 대하여 반응하려고 일부러 진술하기보다는 오히려 사람됨의 진정성에서 우러나오는 것으로 보이는 표현을 택한다. 다른 작품에서도 섬세한 기교를 동반한 표현의 묘미를 추구하기보다는 오히려 숨김없는 진정성의 언어를 거침없이 구사하는 것으로 보아 그렇다. 생각의 깊이를 끌고 가되, 철산 시인이 보여주는 이런 시의 촉성들은 독자의 생각을 보편성의 차원에서 의미의 돌파구를 마련해 주려는 것으로 보인다.

■■■ 농본주의 시심으로 사람다운 삶을 찾다

철산의 시에는 농업을 중시하는 주제를 일관되게 끌고 가는 힘이 있다. 농경민족의 후예다운 면도 작용하겠지만, 현재도 고향 정읍에 정주하면서 자연과의 소통을 그 무엇보다도 중히 여기는 생활 면모를 보이는 것으로, 그의 작품이 말한다.

그중에서 농본주의 시상이 강조된 작품을 보기로 한다.

무더위 드센 계절 대지는 목이 말라
한줄기 소나기가 절실한 이 시기에
매미도 목이 타는지
귀청이 터질 지경

올해만 농사짓고 내년에는 그만둔다
작년에 내뱉은 말 올해도 똑같은 말

갑자기 소나기 퍼붓자
허둥지둥 나간다.

토지에 목숨 걸고 외길만 걸어온 생
세상이 변했어도 올곧은 농부 마음
농자 천하지대본農者天下之大本
철석같이 믿고 있다

— 이재만 「농부의 길」 전문

사실 농업을 경시하는 풍조는 시대정신에 어긋난다며, 뜻있는 이들의 걱정거리가 된 지 오래다. '식량안보'라는 말이 식자들의 논란에서 머물면서, 농경민족이요 농본 국가였던 면모는 사라지고 이제는 식량 자급률이 20%에 겨우 턱걸이를 한다고 한다. 무기나 전자제품 등 공산품은 공장에서 무한으로 찍어낼 수 있지만, 식량만은 그렇게 하지 못한다. 그래서 '식량안보'라는 말이 어느 때보다도 실감나게 들린다.

철산 시인의 시심도 여기에서 멀지 않다. 요즈음 농촌의 풍경-농민의 마음을 대변하고 있는 것으로 보인다. 농촌-시골은 이제 양로원이 된 지 오래다. 5, 60대를 찾아보기도 어렵고, 70대가 청년에 속한다. 80대 노인들이 농사의 주역이 되었다. 그런데도 농촌에서 잔뼈가 굵은 농민의 후예들은 아무리 몸은 늙어도 농사를 포기할 수 없다며, 농업을 중히 여긴다. 그들이 식량안보네, 경제적 효율성을 알아서 그런 것은 아니다. 몸에 밴 농경민족의 얼이요, 조상들이 살아왔던 삶의 토양을 버릴 수 없음이다.

　이 작품은 시골에서 농토를 지키며 살아가는 농민들의 심정이 매우 실감난 사실적 실화로 전해진다. "올해만 농사짓고 내년에는 그만둔다."라고, 농민들은 매년 되풀이 맹세한다. 그 이유도 뻔하다. 농사지을 여력-체력이 뒷받침되지 못하게 노쇠했다는 것, 농사는 지을수록 손해라는 반 경제-비경제적인 힘든 노동이라는 것, 후퇴를 거듭하고 있는 정부의 중농정책이 농부들의 경작 의지를 꺾는다는 것, 도시에 사는 자식들이 농촌에 계신 어버이에게 제발 농사일 그만하라고 부추긴다는 것, 등등 말고도 이유는 많다. "작년에 내뱉은 말 올해도 똑같은 말"을 반복한다. 그러면서도 "갑자기 소나기 퍼붓자/ 허둥지둥 나간다." 논의 물꼬를 보아야 하고, 밭작물의 상태를 살펴야 하는 등, 비설거지를 하기 위해 부랴부랴 나서는 게 바로 농심農心이다.

　농심은 천심天心이라고 했다. 거짓 없는 마음, 진실한 마음, 참마음이 곧 천심이다. 설사 농사는 지을수록 손해나는 일이지만 그 농사를 그만둘 수 없는 마음, 자식들이 아무리 부모님 고생스럽다며 농사일 그만두라고 해도, 맨땅으로 묵히고 놀리는 것은 하늘에 죄를 짓는다고 여기는 마음, 내 몸이야 늙으면 흙으로 돌아가지만, 농토는 조상 대대로 물려받은 생명의 터전이요, 자자손손 물려주어야 할 생명 창고라고 믿는 마음, 이런 마음들이 곧 농심이고, 이런 본성이 곧 천심이 아니고 무엇이겠는가!

　이렇게 농자천하지대본農者天下之大本이라는 믿음을 신앙으로 간직하고 살아가는 사람들이 곧 농부들이다. "세상이 변했어도 올곧은 농부의 마음"이라고 철산 시인은 굳게 믿는다. 그 마음의 실체가 곧 농심이요 천심이다. 시대에 뒤떨어진 발상이라 거니, 시대의 변화에 민감하지 못한 구시대적 사고방식이라 거니, 하는 지청구에 귀가 아프지만, 시적 화자의 목소리를 빌려 철산 시인은 농사의 중요성을 역설한다.

이렇게 '농심=천심'을 시심으로 가꿔가려는 모습도 볼 수 있다.

> 도시 근교 가장자리 가꾸는 주말농장
> 오늘도 호미 들고 농경사회 답습한다
> 엊그제 넥타이 매고 뻐기고 다닌 신사
>
> 땅 파고 고랑 내고 고르고 씨 뿌리고
> 신선놀음 같지만 가꾸는 일 만만찮네
> 천하태평 농법으로는 가당찮은 일이다
>
> 고추 가지 상추 배추 방울토마토 등등
> 보기만 해도 배부른 영양의 보물단지
> 신농씨神農氏 가르친 농법
> 농불실시農不失時 우선이다
>
> – 이재만 「농장 가꾸기」 전문

주말농장이나 도시농업이 도시인들의 잃어버린 농촌 체험-농사 체험의 수단으로 떠오른 지 오래다. 그러나 그야말로 시늉이요, 일회성 체험활동에 불과하다. 그런데도 농촌을 버리고 도시로 떠난 이들이, 농민을 하대하고 농업을 천시한 사회일망정 고유한 농경민족의 후예답게 한사코 농사 체험을 선호한다. 시적 화자는 그런 호사가들에게 농법農法의 참 정신을 들어 일갈한다.

세 수의 평시조로 엮인 연시조에서 첫째 수에서는 '주말농장-도시농업'에 참여하는 도시인들의 실상을 소개한다. 그들을 바라보는 시적 자아의 시선이 조금은 냉소적이지만, 농사일의 막중한 의미를 그런 흉내내기나 일회성의 체험으로 터득하기 어림없는 일이라는 자부심이 곁들여 드러난 시적 정서다. 농사는 농부의 피와 땀의 결실이거늘, 도시인들이 '답습'만으로는 어림없는 일이라는, 점잖은 나무람이다.

이런 나무람은 둘째 수에서 강화된다. 농사일이라는 게 '신선놀음'도 아니고, '천하태평' 안이한 마음가짐으로는 어림없는 일이라는 점을 강조한다. 농업은 단순한 직업이 아니다. 천신[天神-하늘]과 협업해야 하고, 지신[地神-땅심]과 동업해야 겨우 적은 수확이나마 얻을까 말까 하는 지난한 일이라는 뜻이다. 참으로 농업은 버릴 수 없는 천직이지만, 그것을 수행하는 일은 만만치 않은 일이다.

철산 시인은 시적 화자의 입을 빌려 셋째 수에서 한 수 농사비법을 전한다. "농불실시農不失時"가 그것이다. 농사는 때를 놓쳐서는 안 된다는 것이다. 이때가 무엇이겠는가? 토지에 밑거름을 주어 지력을 북돋워야 할 때, 밭을 갈아 흙에 생명력을 불어넣어야 할 때, 토지에 알맞은 씨를 골라 뿌려야 할 때, 곡식이 잘 자랄 수 있도록 김을 매주어야 할 때, 그 때를 놓쳐서는 안 된다는 것이다.

그러고 보면 때를 놓쳐서는 안 되는 것이 어찌 농사뿐이겠는가? 사람살이에서도 가장 중요한 덕목이 바로 때를 놓치지 않는 것-인불실시人不失時기가 아니겠는가! 사랑에 목마른 이에게 사랑의 생명수를 먹여야 할 때, 가난에 몸부림치는 이에게 구휼救恤의 손길을 건네야 할 때, 외로움에 몸부림치는 이에게 위로의 말씀을 전해야 할 때, 병고에 시달리는 이에게 치유의 희망을 부어주어야 할 때, 사람이 사람답게 살기 위해서는 농사비법 이상의 인사비법을 실천하며 살아야 한다.

그러므로 그렇다. 철산 시인이 내보인 '농장 가꾸기'는 '사람살이 보듬기'를 시적 정서로 노래한 셈이다. 이렇게 드러내 보인 그의 사람살이의 정수는 다음 작품에서 정점을 보인다.

세월은 쉬지 않고 냉정히 흐르는데
시류를 타는 인생 별수가 있겠는가
석양빛 붉은 노을에 만감이 교차한다

그 옛날 논밭에서 소 몰던 농부 모습
한 포기 동양화로 눈에 선한 그 시절
지금도 기억은 남아 눈물샘 자극한다

실개천 다랑논 흔적이 묘연한데
빛바랜 사진첩에 옛 모습 녹아 있고
변형된 삶의 터전은 아파트 숲 되었네!

달구지 다니던 길 신작로가 되었고
이 땅의 모든 국도 사통팔달 되었네!

산업의 거대한 물결 어쩔 수가 없더라

– 이재만 「세월 따라 시류 따라」 전문

  이 시조는 시집의 표제 작품이기도 하다. 우리는 주체적인 자기 확신이나 신념이 없이 갈대처럼 흔들리며 사는 사람을 '줏대가 없다.'라며 경원하는 경향이 있다. 그래서 확고한 신념이나 생활철학으로 단단히 무장한 사람을 '줏대가 있다.'라며 높이 평가하기도 한다.
  그러나 철산 시인이 이 작품에서 노래하고자 하는 시적 정서의 핵심은 그런 의지와는 좀 거리를 둔 세계다. 말하자면 아무리 줏대를 세우고, 자기 신념에 투철하다 할지라도 세월 당해낼 장사 없으며, 시류 거슬러 독불장군처럼 살 수 없는 세태를 드러내고자 하려는 의도다. 그렇지 않은가. 시간을 이겨낸 사람, 역사를 역류해서 살아낸 사람은 없고, 흐르는 세월을 거슬러 올라갈 사람도 전무했으니, 뒤에도 없을 것이라는 점은 보편적 진실이다.
  그런 정서를 철산 시인은 세월과 시류라는 시어 속에 담아내고 있다. 그렇대서 되는 대로, 아무렇게나 갈대처럼, 낙엽처럼 살겠다는 것은 아니다. 앞에서 보았던 작품에 드러난 것처럼, 풍자의 세계와 단형시조의 압축미를 통해서 보여준 것처럼, 인생을 경영해 온 내공이 만만치 않았음은 익히 드러난다.
  다만, 인생을 살 만큼 살고 보니 이제는 '세월-시류'를 거스를 수 없음을 자각한 시적 정서를 '세월 따라 시류 따라'로 결집하였다. 사실 나이에 따라 세상을 바라보는 눈길도 달라진다. 그래서 공자도 나이 오십에 이르면 하늘의 뜻을 안다[知天命]고 했고, 나이 육십에 이르면 세상 사람들이 무슨 말을 하건 성내지 않고 들어줄 수 있게 귀가 순해진다[耳順]고 하지 않았던가. 철산 시인도 세월을 거스를 수 없다는 하늘의 뜻을 알았고, 인생의 하류로 끌고 들어가는 시간의 손길에서 벗어날 수 없음을 비로소 알아챘다는 자기 선언인 셈이다.

철산 시인은 자기 경영에 투철한 시인이다. 시집에 담긴 작품의 의미를 망라해 보면 시적 자아로서의 철산 시인의 정체성이 보인다. 그가 지탱하고 있는 생활의 지향성을 읽을 수 있는 것은 덤이다. 시가 무엇인가? 세상과 사람을 지성적 안목에서 서정적으로 읽어내는 글쓰기가 아니던가. 철산 시인은 그런 점에서 좋은 시안과 글쓰기의 문방사우를 지닌 것으로 보인다. 시조라는 우리의 고유한 정형시를 자유자재로 구사하면서 삶과 세계를 읽어내는 데 막힘이 없다는 것, 그것을 통해서 여생을 서정적으로 그림 그리면서 살아갈 수 있다는 것, 그가 확보한 삶의 미덕이 아닐 수 없다.

그런 미덕이 깔끔한 단형시조-평시조를 통해서 시의 세 가지 요소를 균형 있게 담아낼 수 있게 되었을 것이다. 나아가 세태를 비판하고 개탄하되 풍자성의 웃음의 미학을 잃지 않음으로써 서정 시학의 한 축을 감당한 것으로 보인다. 그가 지향하는 정신의 본향은 농본주의에 익숙한 몸의 고향이기도 하다. 이 모두가 사람다운 삶을 찾으려는 시심의 귀결점이 되었다.

세월 따라 시류 따라

초판1쇄 인쇄　2023년 8월　8일
초판1쇄 발행　2023년 8월 10일

글쓴이　이재만

펴낸이 김희진
펴낸곳 도서출판 Book Manager
주소 전주시 완산구 메너머 4길 25-6
전화 (063) 226.4321　　팩스 (063) 226.4330
전자우편 102030@hanmail.net

출판등록　제1998-000007호

ISBN　979-11-92059-74-7(03810)
값 10,000원

· 잘못된 책은 바꿔드립니다.
· 이 책의 저작권은 저자와 북매니저에 있습니다.
· 작품의 무단 복제 및 전재를 금합니다.